小學生的趣致財務智慧

編著：李雪熒、謝燕舞

目錄

I.生活理財：小學生必備的財智基礎

II.購物消費：做個精明消費者

III.企業運作管理：錢是這樣賺的

IV.世界經濟：國際市場和政府正在做的事

V.金融投資：這樣錢才會愈來愈多

1 生活理財

小學生必備的財智基礎

小朋友可以工作賺錢嗎？

輝仔未到月底就花光了零用錢，父母堅持要到月底才再給他下個月的零用錢。輝仔唉聲嘆氣地說：「如果我可以工作賺錢就好了……」

究竟小朋友可否**工作**賺錢呢？其實，根據香港《僱用兒童規例》，年滿13歲但未達15歲及已完成中三教育的兒童可以受僱於非工業機構，但有一些條件**限制**，包括必須出示該兒童修畢中三課程的證明、父母書面同意該兒童**就業**、該兒童不得在一天內受僱超過8小時等等。如果僱用年滿13歲但未完成中三教育的兒童還有一些附加限制，包括要出示該兒童的**在學證明書**，在學證明書必須由學校校長簽發。條例還規定不得在上課時間內僱用該兒童，以及不得讓該兒童在危險和娛樂場所工作。

本金越多，所得到的利息就越多。另外，利息會因應當時的**經濟狀況**而有所調整。譬如2008年美國多次減息，香港銀行也跟隨美國減息，導致出現了「**紅簿仔**」「零利息」的現象。

雯雯覺得利是錢放在銀行裏可以積少成多啊！

小智識：甚麼是負利率？

負利率是指利率減去**通貨膨脹**率後為負數。通貨膨脹令物價指數（CPI）急促上升，導致銀行存款利率實際為**負**，人們存放在銀行的錢所得的利息趕不上錢**貶值**的速度。例如一件物品價值1,000元，一年後它值1,065元；但是將1,000元存在銀行一年後，只增值了38元，升值速度還不及物品，於是，存在銀行裏的錢不但沒有**增值**，反而隨着物價的上漲縮水了。

小學生也要學習記帳嗎？

樂樂的媽媽正在整理**帳簿**，了解家庭一個月的開支情況。樂樂心中有着一個問題：小朋友也要學習記帳嗎？

嚴格來説，不論是個人還是**企業**都需要記帳，成年人和小孩子都應該學習記帳。甚麼是記帳呢？就企業而言，記帳主要把企業所有的**交易事項**，經分析、計算和整理之後，根據記帳規則及法例規定記入帳簿或輸入電腦，並整理成**報告**，供企業相關人士作決策或參考之用。就個人和家庭來説，個人和家庭把在日常生活中涉及的經濟活動，即**開支**和**收入**記錄下來，以了解個人和家庭的經濟情況。

記帳有甚麼好處？一般來説，記帳可以方便我們了解自己或家庭的**財務狀況**，同時方便查閱某天或某月某項開支。此外，記帳可以幫助我們反思和**改進**自己的財務狀況，了解**現金流向**，檢討哪些地方花費太多、哪些花費是不必要的，以及怎樣花錢才能更**有價值**。對小朋友來說，由於零用錢不能透支，也不能預支（最好避免向父母預支），因此，學會記帳有助我們樹立「**量入為出**」的觀念，避免花費過度，以及學會有效地支配金錢，並養成**儲蓄**的良好習慣。

小朋友，如果你想學會理財，首先要學會記帳，並養成**每天記帳**的習慣。這樣，當你想花錢買東西時，你會習慣先問問自己：「**我真的需要這東西嗎？**」當你明白了「想要」和「需要」的分別後，就能減少不必要的開支，支出的帳項會更合理，還可能有儲蓄呢。

樂樂覺得自己每月的零用錢不知花到哪兒去，因此，他請媽媽教他記帳，了解自己每月的現金流向！

小智識：記帳應包括哪些內容？

大家可以參看以下表格，把每天的收入與支出記下來，這樣就可以了解自己每月的開支和收入的情形，從而**控制開支↑↓**，減少不必要的支出。

每天收入來源及支出表				
日期	項目	收入	支出	結餘
1/3/2020				$100
1/3/2020	三月份零用	$30		$130
2/3/2020	買文具（筆記簿）		$10	$120

零用錢，多少才算合理？

東東聽說小華每天都有 **80元零用錢**，而自己每天只有15元，東東認為爸爸沒有給他合理的零用錢，打算向爸爸提出**抗議**。

究竟怎樣才算合理的零用錢呢？

其實東東只聽到一半，小華還有**兩個弟妹**，父母在晚上要工作，不能給他和弟妹弄晚飯。小華和弟妹三人一天的零用錢是包括早餐和晚餐的，相比之下，東東一天的零用錢只包括早餐，餘下的可以自由使用，他的零用錢比小華**還要多**呢！

父母給我們零用錢的金額多少，很大程度上視乎父母的經濟狀況來決定。通常父母會首先考慮**家庭的需要**，盡量避免因為零用錢而造成**家庭經濟負擔**，或者無法定期發放零用錢。大家要記住，父母賺錢養家是非常辛苦的，因此，**要對父母加以體諒**。

除了考慮家庭經濟狀況外，父母還會因應我們每天的必要開支而給予相應的零用錢。作為一個**小學生**，不妨想一想或記下自己一天中的必要開支。所謂必要開支可包括上學前的**早餐**、上學和回家的**車費**、午餐及一些備用現金等等。以東東為例，早餐在家裏吃(不用花錢)，上學和放學均乘坐校巴回家(父母已付款)，午餐在校訂餐(父母亦已付款)，剩下的一些備用現金，可在小息時買**零食**吃，15元已經很足夠。我們雖有一定的自由度使用零用錢，但並**不等於要花光所有**，如果小朋友能從零用錢中撥一部分作**儲蓄**，就可以應付不時之需。

東東覺得爸爸給他的零用錢算是合理了。

小智識：小朋友怎樣才能有效地使用零用錢？

首先，我們要建立**正確的消費觀念**，零用錢雖然可以自由支取，但是我們要記住自己還沒有賺錢的能力，應該合理地使用零用錢，**不要隨便亂花**。

大家可以把一天或一星期的必要開支和不必要的開支列出來，先將零用錢分配到**必要開支項目**，如早餐、車費等，不必要的開支可能是買零食、玩具等等。

購買物品前，要問一問自己：「我真的需要這東西嗎？」，這樣可減少不必要的浪費。另外，要**學習記帳**，記下每天的支出和消費項目。每星期檢視帳簿，反省一星期的開支和收入情形。如果有餘下的零用錢，最好放在**錢箱**裏，累積了一定金額後，最好**存進銀行**裏，收取利息。

為甚麼窮人會窮？

電視新聞報導說，香港貧富懸殊的問題非常嚴重，平均每五個人當中就有一個窮人。有些貧窮的小朋友要在街上拾紙皮，幫補家計。為甚麼窮人會窮呢？

窮人貧窮的原因很多，例如**失業**，沒有工作收入；長期病患，錢都花在醫療和**藥物**上；學歷程度較低，難以從事中上收入的工作；**不懂得理財**；缺乏上進心，只安於現狀；懼怕改變或不願意改變等等。

法國有一位媒體大亨，是法國50名富翁之一。他年輕時是一個窮人，後來經過十年的艱苦奮鬥，終於成為**媒體大亨**。他在1998年去世，他的律師把他的遺囑刊登在當地的報紙上。他說：「我也曾是窮人，誰人知道『**窮人最缺少的是甚麼**』就可得到100萬法郎的獎賞。」

人們寄來了不同的答案，大部分人認為窮人最缺少的是金錢；另一部分人認為，窮人最缺少的是**機會**、技能……等等。可是，**沒有一個人答對**。一年後，他的律師把答案公開了，原來「窮人最缺少的，是成為**富人的野心**！」謎底揭開後，令很多人都感到震驚，不過，幾乎所有的富人都同意這句説話。

成為富人的「野心」，是指一個人的**雄心壯志和遠大理想**。一個人如果心志不高，沒有遠大目標，也沒有人生**夢想**的藍圖，又怎能創造出**奇跡**呢？

因此，首先要有積極向上的**上進心**，定下人生目標，為追尋夢想而努力，或者至少要把「成為有錢人」作為人生目標，並讓它推動自己，這樣就可望擺脱貧窮，並**一步步致富**。

小朋友，不妨跟自己大聲説：「我要做有錢人！」有了目標，並計劃怎樣實踐，成功將會屬於你的。

小智識：成為富人的祕訣

1. 有強烈的賺錢意識，思考怎樣增加自己的財富。
2. **隨時準備好自己** ，即使休息或娛樂時都會留意有沒有賺錢的機會。
3. 喜歡結交對自己有幫助和有助提升自己的**朋友** 。
4. 有勇氣冒風險，會透過投資為**財富增值** 。
5. 有夢想，知道怎樣去計劃和實現自己的夢想。

怎樣做個知慳識儉的好孩子？

小偉跟媽媽説：「媽咪，我的顏色筆用完了，給我買一盒新的吧！」媽媽説：「我上個星期才給你買了一盒新的，怎麼不到一個星期就用完了？」小偉説：「我不喜歡那盒顏色。」媽媽希望小偉**懂得節制**，學會做個知慳識儉的孩子。

生活在香港的小朋友是非常幸福的，因為香港**物質充裕**，想買甚麼，就有甚麼。但是，如果不懂得節制，只會造成不必要的浪費，同時也浪費了父母的金錢。

小朋友必須學習知慳識儉，而知慳識儉的大前題是要過簡樸的生活，即**生活越簡單越好**。以下是一些在日常生活中培養知慳識儉習慣的方法：

1. 認清購物目的，**不買不需要的物品**。購物時，要考慮物品是否必需、便宜、合用、耐用和實用。如果可以的話，不妨等到**大減價**時才購買，可能到時已不需要那件物品了。

2. 多動腦筋思考，自行**發揮創意**，製作**益智玩具**。

3. 大自然是免費的高級享受，**學習熱愛、欣賞和觀察大自然**，訓練自己不怕熱、不怕流汗、不怕蚊子叮，讓自己充分享受大自然的樂趣。

4. 善用**免費的公共資源**，如**公共圖書館**、公園裏的公共設施等。

5. 學習**廢物利用**、再使用，甚至拒絕使用或購買會製造更多廢物的物品。

6. 戒除不必要的零食及無益的食物，如**汽水**、薯片、**糖果**等。

7. 好好**計劃**和分配零用錢，不作無謂的花費。

8. 出門在外，要**小心保管財物**，這是省錢的最基本法則，不要令自己有無謂的損失。

9. 平時**多做運動**，令身體健康，就可以少看醫生，節省金錢。

簡單的生活可以節省金錢，大家就從今天起坐言起行啦！

小智識：環保省錢有辦法

一些簡樸的生活方式很多時候都離不開**環保意識**。如果大家能在日常生活中培養環保意識，就能節省不少金錢。例如塗改帶用完了，不要買新的，可購買**補充裝**的塗改帶，這樣就無需因為再買新的塗改帶而造成物品浪費。又例如**牙膏**再也擠不出來，不妨把它**剪開**，你會發現裏面還有很多牙膏，可以用上數天至一星期。**物盡其用**，減少浪費物品，環保又省錢。

11

購物消費

做個精明消費者

為甚麼便利店賣的東西價錢比較貴？

好口渴啊！思思想去便利店買汽水，媽媽說：「便利店賣的汽水價錢比較貴，我們到對面的超級市場去買吧，那兒便宜一點」。思思心想，為甚麼便利店售賣的東西價錢比一般商店貴？

一般而言，各種商店貨品的定價通常受多種因素影響，例如**貨物批發價**$、店舖租金及雜項開支、營業時間、工作人員薪金、附近同類競爭對手的定價及**促銷手段**等等。因而，同類貨品在不同商店的價錢會有一些差別。

便利店售賣的東西，價錢通常比一般商店貴，是由於便利店是**24小時營業**的，水電等雜項開支比一般商店大；同時由於店舖的位置是**人流較多**的地方，如地鐵站、巴士站、大型商場等，通常人流較多的地方租金是非常昂貴的，如果**租金上升**，就會**減少利潤**。

除此之外，便利店屬於**特許經營**，而每間便利店便是一間加盟店。透過特許經營，加盟者或加盟店**獲授權**使用特許機構的經營方式、知識產權、商標、經營模式等。通常加盟店要先付出一筆固定的**加盟費**，並在合約期間，須根據本身的**營業額**或利潤付出一定比例的特許經營費。特許經營費是一筆相當可觀的收入。另外，便利店還有一些**宣傳**費、顧問費等，開支實在不少。

此外，獲特許經營的店舖必須向持有人或其指定的公司**採購**營運所需的器材、原料及商品，加盟店可能因此而需要付出較高的價錢採購貨物。因此，為了保障利潤，便利店售賣的貨物比一般商店和超級市場貴。

思思明白便利店雖然方便，但物品的價錢真的比較貴啊！

小智識：便利店的老闆是誰？

目前，香港兩大便利店之中，**7-Eleven** 是屬於特許經營的**連鎖店**。牛奶有限公司從美國南蘭公司取得7-Eleven的地區特許經營權，於1981年在香港開設第一間分店，並於1983年開始特許經營業務。現時的店鋪中，有約50%為特許經營店。牛奶有限公司跟特許經營店是**合作夥伴**的關係，前者會為後者提供支援，如市場推廣等，因此，加盟店的老板其實就是加盟者本人。

至於本港另一間 **OK便利店** 不是特許經營的，其所有店鋪均由香港馮氏集團(前利豐零售集團) **全資擁有及管理**。所以，這間公司是OK各分店的大老闆。

甚麼是電子貨幣？

家裏的雪櫃壞了，爸爸帶小明去買新雪櫃。付款時，爸爸從錢包裏拿出一張金卡，並交給售貨員。小明的爸爸為甚麼不用現金付款呢？

小明的爸爸選擇了以**電子貨幣**付款，它的功能跟現金一樣，讓買賣雙方可以即時進行交易。

究竟甚麼是電子貨幣呢？電子貨幣是**資訊科技**的產物，它以**數碼網絡**為基礎，將錢的數目記錄在電子設備中，然後用交易媒介如**信用卡**、銀行提款卡、八達通卡等連接電子設備，記錄買賣或轉帳所需的金錢，讓人們可以**隨時隨地進行交易**。

那麼，電子貨幣是怎樣進行交易呢？一般來說，人們進行交易時，交易**雙方的資料**，包括交易者的身份、帳號、交易金額等均會以資料的形式儲存在銀行的電腦系統中，並通過**電腦網絡**進行資料交換和記錄。

電子貨幣的用途**非常廣泛**，我們的日常衣食住行也可以用電子貨幣進行交易，一般大型的商店和**超級市場**都接受電子貨幣付款；去酒樓飲茶、吃飯、**乘坐公共交通工具**等都可以使用電子貨幣付款。

電子貨幣除了**使用方便**外，還有很多優點，例如人們無需攜帶大量現金出門，也可以**安全地進行交易**；交易迅速，免卻找贖的麻煩。

現時的**電子貨幣系統**主要有三種，即電子支票系統、信用卡系統和電子現金系統。電子支票系統無需紙張支票，也可以進行資金傳輸；**信用卡系統**是目前廣泛應用的電子貨幣，通常由**銀行**發行，只要連接網絡系統，就可支付費用。電子現金是一種**數碼現金貨幣**，最著名的有比特幣(Bitcoin)和以太幣(Ethereum)等加密的電子現金系統。

小明覺得電子貨幣真的非常方便啊！

小智識：香港有哪些電子貨幣？

提起電子貨幣，不得不提香港的**八達通**。它是**世界最早以及最成功**的電子貨幣之一，普及程度也是全世界**最廣泛**的。八達通是香港通用的電子收費系統，在1997年9月1日開始使用。發展到今天，它的應用範圍愈來愈廣泛，包括各種公共交通工具、商店、食肆、停車場等。

此外，易辦事（EPS）和繳費靈（PPS）也是香港較常用的電子貨幣系統。人們使用**易辦事**交易時，是透過**提款卡**由卡主的銀行戶口直接轉帳至商戶的銀行戶口。**繳費靈**則可以用來繳交香港公共事業、銀行、電訊公司、政府部門和教育機構的**賬單**。

近年更流行**電子支付**，當中較為人熟悉的有PayMe、Tap&Go (拍住賞)、TNG Wallet、WeChat Pay HK、Alipay HK等，這些電子錢包可連結銀行戶口、信用卡或購買**增值卡**提供增值、提款及轉賬等服務，非常方便。

信用卡是不是錢？

欣欣的電腦壞了，媽媽帶她去買**新的電腦**。付款時，媽媽從錢包裏拿出一張信用卡，並交給售貨員。信用卡等於錢嗎？

其實，信用卡是一種**先使錢**、**後付款的非現金交易方式**，但這不等於信用卡就是錢啊！

人們使用**信用卡**的情況，就像一些舊式雜貨店容許部分相熟的顧客「賒帳」，即先取貨品，後付款。譬如欣欣的媽媽跟雜貨店的老闆相熟，也是這間店的長期顧客，**有一定的信用✓**，當欣欣去那兒買醬油時，老闆通常容許欣欣「**賒帳**」。

用信用卡購物跟「賒帳」有些相似，都是因應信用卡持有人的信用而給予**特定的信用額**。不過，不是任何人都可以申請信用卡的。通常，發卡銀行會先調查申請人的「**信用狀況**」，例如經濟狀況、有沒有欠款、還款能力如何等等。銀行會因應信用卡申請人的「信用狀況」而給予特定的信用額，因此，**不同的申請人會獲得不同的信用額**。

大部分信用卡都由銀行或信用卡公司按持卡人的信用度和經濟狀況發給持卡人。持卡人用信用卡消費毋須即時支付現金，**可待結帳日時還款**。

那麼Visa和Master又是甚麼？其實Visa和Master是兩個國際信用卡組織的名稱。雖然每個國家都有專門的銀行信用卡，但是那些卡只能在**指定的地區**內使用，超出了指定範圍就會**失靈**。為了解決這個問題，美洲銀行開始和一些其他地區的銀行定下了合同，允許他們發行**美洲銀行卡**，並在1976年將美洲銀行卡改名為**VISA卡**，這就是Visa卡組織的由來。但是Visa卡組織只允許一部分銀行加入組織，還有很多銀行都被排除在外。這些銀行就自己聯合另外組建了一個組織就叫**Master Card**。後來許多銀行就直接加入這兩個組織的其中一個，要求加入的條件之一，就是要在**卡上印有**信用卡組織的標誌。

欣欣覺得用信用卡購物真是非常方便。

小智識：怎樣使用信用卡才能避免負債？

信用卡雖方便，但如果使用不當，會令我們**債台高築**。因此，我們要善用信用卡，例如向信用卡公司申請降低信用卡的信用額，可避免用多了；應**每月清還卡數，避免只還最低還款額**，否則只會欠更多債；**避免申請太多**信用卡，一、兩張就已經足夠了。

小智識：世界上最早的信用卡

美國人 Auther Morris 在20世紀初發明了信用卡。最初的信用卡是用**金屬**製成的，標榜可以「先享受，後付款」，但只限發給特定的對象，以及**只可以在指定的場所使用**。1924年，美國通用石油公司發行了「油品信用卡」，作為公司職員和特定客戶的**貴賓卡**，是促銷油品的方法。

1951年大來卡（Diners Card）問世，這就是現代信用卡的雛型。大來卡公司先替持卡人墊支，同時向商戶收取**手續費**。1959年，美國運通公司（American Express）開始發行信用卡，業務範圍現已推廣至美國以外的地方了。

為甚麼看電視是免費的？

小薇看到新聞說：「外國許多家免費電視都面臨資金問題，可能會出現**倒閉潮**。」小薇不明白電視台本來就是免費的，也會倒閉嗎？

目前在外國的許多**免費電視台**，都是由企業贊助的，如果國家經濟不景，企業面臨倒閉，而電視台又**得不到商家的支持**，也會面臨倒閉。

香港的電視台也如是，免費電視台如翡翠台及明珠台、ViuTV及香港開電視，都是不收取費用的，而它們的**經濟來源主要是廣告**和節目版稅等。

而中國內地的電視台則是屬於**政府機構**的，人們看電視，就要固定每月從企業員工的**薪金中扣除很少的錢**，來支持電視台的運作，這項扣除稱為「**收視費**」，而企業也會贊助部分資金支持電視台。

公共電視的經費從何得來的呢？公共電視的經費來源主要是**政府的資助**，以中國為例，公共電視基金是由政府編列的**預算**，並逐年減少至政府最初預算的50%以下，所以政府的資助是不能完全維持公共電視周轉的。那麼電視台就會去找一些**企業贊助**，由私立機構或企業團體提供經費，贊助播出節目或時段。企業贊助和一般廣告贊助不同，不能促銷特定的商品或服務，也**不能參與節目製作過程**。

公共電視台也賺錢嗎？公共電視台也有自己的產品，例如利用周刊、網絡直播來作為**溝通的橋樑**，及賺取廣告費等，如無線電視曾出版的《TVB周刊》就是。此外還有其他收入來維持開支，如促銷與節目相關的**影碟**、圖書資料、教材等。另外，公共電視的攝影棚、剪輯、音效等**硬體設備**，在不違反法律的前提下，可以出租給那些拍攝電視劇或者**音樂製作**的公司等。

小薇說：「原來公共電視是這樣來維持開支的！」

小智識：電視收視率的計算方法

收視率的計算公式是：「$\text{收視率}=\frac{\text{收看的人數}}{\text{總人口數}}\times 100\%$」

例如某節目在紀錄中有20萬人在看，以目前香港的總人口來算，這個節目在那個時候的收視率就是：20萬 / 800萬 X 100%＝2.5

也就是說，這個節目在當時的收視率是2.5個百分點。那怎麼知道那個時候有20萬人在看這個節目呢？這就是**收視調查公司**的工作了。

早期做收視率調查的方式是用**電話訪問**的，就像做民調一樣，打電話到人家家裏問你現在在看哪個頻道。不過由於這種方式做調查所得到的收視率數字太粗糙了，所以1991年採用**儀器記錄**的方法，透過**特別的遙控器**，以「樣本住戶」的按鍵來作記錄。

由於現時不一定透過電視觀看電視節目，所以在2018年，無線電視、ViuTV、香港開電視聯同香港11間廣告商會成員公司成立「香港電視觀眾收視調查創辦委員會」(FSC)監測收視。方式會分成「**家中電視觀看**」及「網上觀看」兩種，前者依舊會在1,000個樣本家庭中安裝記錄儀器，甚至各種連接電視的訊源如串流平台、衛星電視、遊戲機等，所收集的數據會包括**直播**、時間平移以及7天內有點播重溫的內容。

「**網上觀看**」會用「串流標籤」監測指定裝置觀看相關網站及**應用程式**的內容、觀看時間等。另外還有「家庭互聯網測量儀」及「虛擬測量儀」，分別監測家中所有**在線裝置**及用作記錄家庭中有人正在使用某一裝置收看。此方法**可更如實反映收視**。

甚麼是分期付款？

媽媽帶小明去買新電腦。付款時，媽媽從錢包裏拿出一張信用卡，並告訴售貨員要分期付款。小明好奇地問：甚麼是分期付款呢？

在現代社會，消費者購買某些價錢較貴的物品時，如傢俬、電器、電子器材、**手提電話**等等，可以選擇以信用卡分期付款。

甚麼是分期付款呢？分期付款是指消費者購買某物品，按照一定期限分批向商店支付貨款的一種買賣形式。簡單來説，就是把購買物品的**款項分作數次**來支付，而分期的選擇也很多，可分為12個月、18個月、24個月等等，其中以**12個月分期較普遍**。

分期付款怎樣計算呢？現時，一般消費品的分期付款是**無需付利息**的，稱為免息分期。計算形式是把物品的**售價÷分期期數**，就可以計算出每期應付的款項。例如你要購買一部手提電話，售價是3,000元，以**信用卡**作12個月分期付款，根據這條簡易的公式，$3,000÷12個月，則每期應付的款額為250元。

除了購買一般物品可作分期付款，**買車、買樓**等也可向銀行分期付款，因買樓、買車而**向銀行借錢**，稱為「按揭」（mortgage）。由於車和樓宇的價錢由數十萬至數百萬不等，買家通常要先付**首期**，分期付款的年期也很長，由數年至30年不等，而且要**付利息**。

如果善用分期付款的方式，的確可以讓我們**有充足的資金作調動**，但是，如果盲目消費，或分期付款超出了自己能力負擔的範圍，就會造成**負債**。

小明覺得分期付款其實是**商店鼓勵消費**的一種方式，大家要留意啊！

小智識：分期付款購物會便宜一點嗎？

雖然大部分商品做分期付款是無需付利息的。不過，大家要留意，在某些商店購物並分期付款是要收取利息的，或者做分期付款時，同一件物品的售價會**較貴**。例如一部洗衣機，如果你一次過付現金，售價是3,500元，如果作分期付款，就可能要多付出若干金額，因為商店要**降低風險**。因此，以分期付款購物**不一定會便宜一點**。

III 企業運作管理

錢是這樣賺的

甚麼是公司和企業？

維維和思思在玩遊戲，扮演公司老闆的維維說：「我的公司比你的大！」扮演企業CEO的思思說：「不對，我的企業比你的還大！」二人一直爭論，最後吵架收場。到底甚麼是公司？公司和企業有甚麼不同？

看來維維和思思對「公司」和「企業」的概念不太熟悉。簡單來說，**「公司」是「企業」的一種形式**，屬於企業的範圍；「企業」是一個較大的概念，包含了幾種不同形式，而公司是其中的一種。

公司（Company）是指按照《**公司法**》的程序設立，以**營利為目的**的社團法人。就股東對公司債權人所負的責任來說，公司可分為無限公司、有限公司、股份公司等等。一般來說，公司具有**三個特點**：

(1) 必須依照《公司法》所規定的條件、方式和程序等設立。

(2) 以營利為目的。

(3) 必須具備 **法人資格**，例如有限責任公司和股份有限公司都是企業法人。

企業（Enterprise）是指一切從事生產、流通或服務，以謀取經濟利益的**經濟組織**。就企業財產組織方式來說，企業可分為獨資企業、合夥企業和公司企業。獨資企業指由**單一人士**出資興辦、經營、管理、**收益**和承擔風險的企業；合夥企業指由**兩個或兩個以上**的出資人共同出資**興辦**、經營、管理、收益和承擔風險的企業；公司企業指按照《公司法》設立的企業。

由此可見，公司是企業其中的一種形式。明白了嗎？

小智識：甚麼是企業文化？

企業文化（Corporate Culture）又稱為組織文化（Organizational Culture），指一個組織內**特有的文化形象**，通常包括價值觀、**信念**、處事方式等。在現代管理學裏，企業文化或組織文化主要通過企業或組織內部**一系列的活動**而形成的，並成為內部員工行為和關係的規範，也是企業內所有人都必須遵循的價值觀，有助維繫組織成員的**凝聚力**。

例如日本SONY的企業文化，是把發明與創造視為一種**享受**，員工為企業貢獻個人才智是一種光榮。還有一些新興的網絡企業，如網絡搜尋引擎Google就有與傳統企業不同的文化，首先Google的創辦人Larry Page及Sergey Brin非常年輕，Larry Page說：「**公司對任何事情都可以寬鬆，惟獨搜尋例外。**」在辦公室內擺放着色彩多樣的玩具和各種各樣的遊戲機，還提供員工免費的**高級膳食**、按摩、泳池、**嬰兒看護**、理髮、寵物看管……這是因為Google認為「工作應該富有***挑戰性***，而面對挑戰應該很有趣。」

生意的盈餘、虧蝕怎麼計算？

假期，媽媽又帶康康去他喜歡的麥當勞。看見很多人排隊購買，康康就問：「媽媽，今天這麼多人買東西，生意肯定好。」媽媽說：「是呀，這些人都喜歡吃麥當勞的東西呢！」康康說：「哇！那豈不是麥當勞每天都可以賺很多錢？」

理財有多重要呢？生意的**盈餘**對商家是至關重要的，要是經營不當，那麼商家就會**虧損**，嚴重的將會倒閉。理財是商家經營的一個重要環節，而且要有高超的技巧，不僅要賺錢，也要對**成本控制**↑↓、資金投向、效率、**風險**等關鍵問題有精確的判斷和把握，幾乎所有重大決策都會與財務相關。

就如一家即將開張的**店鋪**，他們會先預算「**收支計劃**」，用「營業額估算」的方式去計算生意是否能賺錢。商鋪如何計算收入呢？多數店鋪在開張後每月進行一次「**收入估算**」，收入估算也就是毛利額計算，一般依據毛利率及營業額進行估算，如：

業務月收入（如$10,000）－成本（如$2,000）
＝毛利額（即$8,000）

不論是想開店或是已經開店，計算精確的「**損益平衡點**」，簡稱「損平點」，可以幫助店鋪有效地推展銷售計劃及**控制成本**↑↓。所謂損平點就是成本和營業額相等的點，例如營業額剛好抵銷了整體成本開支，淨收入其實就是**零**。而每月的營業額只有**超過損平點**，店

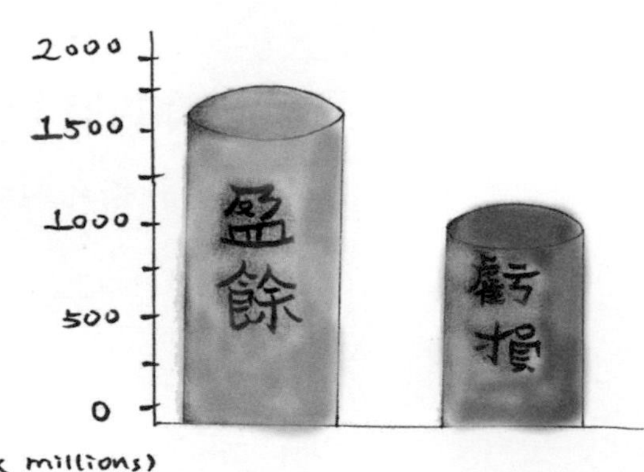

鋪才能盈利，如果未超過損平點，就是虧損，損平點是店鋪營業額的底限。

大部分商家開店後，會預先估算多久能「**回本**」。這種計算的公式為：

開店資金（如10萬）÷每月營業淨利（如2萬）=回本期（即5個月）

就是説需要5個月的時間就可以拿回開店資金了。

商家也可依據**過去的銷售經驗**，訂出下一個年度各個月的銷售收入、銷售成本、固定成本分攤及其他營銷費用，並估算出每個月的營業淨利。公式為：

營業淨利=賣出貨物的收入－貨物的成本－其他開支

不管如何計算生意的盈利與虧損，***清晰的會計分類記帳***才能真正掌握生意營運情況，並作出適時調整。

康康認識到原來做生意需要這麼準確的計算才行呀！

小智識：為甚麼同一種貨品在不同的商鋪價格不同？

在競爭性市場營銷策略中，**定價策略**是商家經常採用的，隨着**競爭對手**的增加，新的定價策略也層出不窮。最常見的是經營者訂出**特價商品**，一般是那些停產或者庫存量多、平時很難銷售的商品，商家把價格制定在低於進價或略高於進價來拋售。如：**蘋果**一斤進價是5元，商家制定賣價與其他商家賣價一樣，都是10元，由於蘋果的數量進的多，時間長了怕**蘋果爛掉**損失大，於是商家就可能將蘋果的價格定在低於進價的4.5元。多數商家都是把價位制定在**低於賣價、高於進價**之間，所以雖說是價格低出很多，賣出後，商家其實有時還是**賺錢**的。價格不同的因素還有很多，如：促銷、打折、聯合折扣等，這些都是貨品在不同的商鋪價格就不同的原因了。

為甚麼超級市場大減價也不會蝕錢？

每次超級市場進行大減價，媽媽就會約陳太一起去超級市場購物。偉軒在想，超級市場經常大減價，為甚麼不會蝕錢呢？

折扣優惠或**大減價**是指降低商品價格，是商業競爭中常用的策略。商店、超級市場進行折扣優惠或大減價，既能保證營業收益，又不會蝕錢，除了因為他們充分運用了**顧客的購物心理**外，也跟商業競爭環境的變化，以及商店、超級市場的**定位**有關。世界第一大零售集團沃爾瑪（Wal-Mart），就奉行「天天低價」的銷售策略，擴大市場佔有率。

商店、超級市場等通常在甚麼情況下會減價促銷呢？一般來說，當產品出現**過剩**、市場需求下降，或成本降低時，商店都可能採取減價促銷的方法，令商品售出。例如超級市場售賣的**蔬菜**、肉類、**水果**等，由於這些產品可存放的時間較短，為了盡快讓產品售出，超級市場就會在店舖**打烊前的數小時**，減價促銷，減低損失。

有些**可長時間銷售的產品**都會減價促銷，雖然價錢便宜了，但商店和超級市場也不會蝕錢的。為甚麼呢？其實這可能由於折扣的費用由**廠家**出或經銷商支付，以提高產品的**知名度**，讓消費者認識產品。減價也可能是犧牲了部分減價商品的利潤，讓商品透過商店、超市為人所知，**增加其他利潤較高的商品的銷量**。此外，**一些減價不一定是真的減價**，而是產品定價本來偏高，減價令消費者對產品有便宜了的**錯覺**。

偉軒明白原來減價不一定是真的便宜了。

小智識：怎樣做個精明消費者？

首先，購物前要想清楚自己的需要，價格是否符合**產品質量**，避免貪小便宜。要預留**充足的時間**購物，多走幾間商店，貨比三家。其次，要留意一些商店、超市的**會員優惠**、信用卡會員優惠、減價促銷等。不要急着購買，可等到減價日子，如**節日**等，就會買到**價廉物美**的商品了。

甚麼是知識產權？

姐姐畫了一幅圖畫，小Q模仿姐姐的畫，姐姐不高興地說：「你不可以抄襲我的作品，這是我的知識產權。」小Q不明白，究竟甚麼是知識產權呢？

知識產權（Intellectual Property）又稱為智慧財產權，指個人或團體、企業對所擁有的**知識資本**（Intellectual Capital）的專有權利。知識產權的專有權利一般只在一定的時期內有效，即在一段時間內，個人或團體、企業等對其**智慧活動**所產生成果的專屬權利。

知識產權包括哪些內容呢？一般來說，所有由**智力**創造、開發的**產品**、作品、意念等都屬於知識產權。舉例來說，一些**新產品**或科技的發明：文學、藝術、**電影**、動畫、遊戲、**軟件**等；商業中使用的標誌、名稱、圖像，以及外觀設計，都可被視為是**某團體或個人**所擁有的知識產權。

為甚麼要保護知識產權呢？因為知識產權就是**保護智慧活動創造者的利益**，有助更多創造者進行相關活動，推動社會經濟**發展**。那麼，知識產權所有者怎樣保障自己的利益呢？可以向使用者**徵收費用**，或**禁止他人抄襲**來保護自己。

如果我們不保護知識產權，會發生甚麼事呢？例如一個發明家為了研究一種新產品而投入了**10年的時間**和各種資源，如果沒有知識產權的保護，新產品面世後，被其他人抄襲，以**更低的價格出售相同的產品**。這些人沒有像發明家那樣付出過時間和資源去研究產品，使用他人的智慧財產，**對原創作者（即發明家）公平嗎？**

事實上，在香港，任何機構或人士如因為**交易或業務**的目的或在任何貿易或業務的過程中，管有音樂記錄、電影、電視電影或電腦軟件的侵犯版權複製品，即屬**違法**。

小Q終於明白：尊重知識產權是十分重要的。

小智識：怎樣保護知識產權？

不抄襲、盜竊他人的智慧財產，**避免使用**或分銷任何版權作品的複製品。此外，我們應避免購買侵權物品，如發現任何侵犯版權或偽冒活動，應立即向**香港海關**舉報。

小智識：網上下載或上載歌曲、相片或影片會否觸犯知識版權法例呢？

假如在網上分享(下載或上載)的**歌曲**、相片或影片，是由自己創作的或經版權持有人**授權**的，就屬合法。可是，假如歌曲或影片在未經授權下在互聯網發放，即屬違法，犯法者有可能會被**刑事起訴**，因而被罰款，或被判監禁。所以我們**一定要小心啊！**

為甚麼7-Eleven便利店這麼成功？

雯雯在網上看到7-Eleven（7-11）便利店現在遍佈世界各地，為甚麼這家商店會這麼成功，在全世界都生根呢？

所有地區的**7-Eleven**都叫同一個名稱嗎？其實不是，7-Eleven便利店在中國內地、香港及台灣稱為7-Eleven，香港俗稱「七仔」，台灣則稱為「統一超商」或「小七」。它是於1927年在**美國**德克薩斯州達拉斯市創立的，原名是「南蘭公司」，直至1999年才正名為7-Eleven。它是**全球最大**的連鎖便利店營運者及特許經營主，並是全美最具規模的獨立電油零售站。7-Eleven最初只是生產及零售**冰塊**，後來為方便顧客，逐漸提供**鮮牛奶**、麵包、雞蛋等日用商品，發展成**商品多元化**的便利店雛型。現在它的商店遍佈世界各地。至2018年，全球店面數目已逾**6萬家**。

為甚麼會出現這種**24小時經營**的商店呢？7-Eleven便利店的名稱源於1946年，藉以標榜該商店營業時間由**上午7時至晚上11時**而來的。時至今天，都市人生活無規律，經常到了**深夜**或者凌晨出去買東西。還有一些夜班族**很晚下班**，便利店24小時營業就迎合了這些消費者。因此便利店能賣出更多東西，創造**更高利潤**。許多國家都有像7-Eleven這樣的便利商店，例如日本的全家、Lawson、韓國的GS25等便利店。這些便利店都像7-Eleven便利店一樣全天候服務，而GS25便利店的原意是24小時營業時間外，還**多加上1小時**服務的意思。

7-Eleven便利店**成功的祕訣**在哪裏呢？首先，7-Eleven商店內部的陳列布局，由總部**統一規定**、設計。商店的建設、管理遵循**四項原則**：(1)必需品齊全；(2)實行鮮度管理；(3)店內保持**清潔**、明快；(4)親切周到的服務。這四項原則便是7-Eleven便利店成功的祕訣。

7-Eleven便利店的**劃一管理**簡化了店鋪經營的難度。如店鋪營業面積按總部統一規定，基本上都是**100平方米**。商店的商品構成為：食品75%，雜誌、日用品25%。商店的商圈為300米，經營商品種類達**3,000種**，都是比較暢銷的商品。另外，總部每月向分店推薦80種新商品，使經營的商品種類經常更換，給顧客**新鮮感**。

雯雯明白7-Eleven便利店的成功之道了。

小智識：香港的7-Eleven是何時有的呢？

香港的7-Eleven於1981年開業，是由**香港牛奶公司**最先取得授權的。第一間7-Eleven於香港島**跑馬地**開幕，其後以特許經營的形式迅速擴展分店網絡。2004年9月，牛奶公司成功以1.05億港元，從SCMP集團收購香港第三大便利商店地利店全線87間分店，使其分店總數一下子由510間**大幅提升**至597間，為其唯一主要競爭對手、香港第二大便利商店OK便利店的百多間分店多接近4倍的數量，進一步鞏固其在香港便利商店市場的**領導位置**。

甚麼是商品條碼？

浩然和媽媽到商店買零食，付款時店員把物品後的條碼掃過識讀器，馬上就讀出物品的名稱和價錢，浩然覺得很有趣。這些條碼是甚麼東西？

這些條碼稱為**商品條碼**。市面上大部分的物品或其包裝上都附有商品條碼，主要用來識別商品，且是**全球通用**的，方便物品在世界各地流通。

商品條碼是由一組規則排列的條、空位及對應的字元組成，代表了一些特定的資訊。商品條碼上的條、空位組合部分稱為「**條碼符號**」，它所對應的符號是由一組**阿拉伯數字**組成的，稱為「商品標識代碼」。條碼符號和條碼代碼是互相對應的，所代表的資訊是一樣的。條碼符號可在條碼識讀設備**掃描**和識讀，而商品標識代碼則供人識讀。通常，各國會規定商品條碼的編碼、**結構**、尺寸和技術要求。

商品條碼上有一些數字，到底它們包含了哪些資訊呢？商品條碼的結構可分為EAN-13、EAN-8、UPC-A以及UPC-E。EAN-13是最常用的商品條碼，共有**13位數字**，由0-9所組成，其中包括國碼/地區碼（第1-3個號碼）、**廠商編碼**（第4-7個號碼）、產品編碼（第8-12個號碼）及檢查碼（第13個號碼）。由於每個國家或地區的編碼及各廠商編碼都不同，因而全世界的商品編碼都是**獨一無二**，不會重複。例如中國的國碼是690-695，香港的區碼是489，新加坡的國碼是888，我們只要看看條碼的頭三個數字，便可以知道這個商品是在哪裏製造的了。

這些編碼又由誰來分配呢？原來頭三個編碼，是由一國際機構：國際貨品編碼協會**統一分配**給各國或地區，其餘編碼則由各地區的**專責機構**統一分配，而香港的指定專責機構是**香港貨品編碼協會** GS1 Hong Kong（Hong Kong GS1）。假如你想在香港把自己製造的產品包裝上加上條碼，便要向香港貨品編碼協會提出申請了。

浩然明白原來商品條碼包含了很多的秘密。

小智識：商品條碼有哪些用途？

商品條碼的用途很廣泛，可以幫助商店快捷、準確、有效地**結算**和管理，同時方便運送、存倉、批發等。有了商品條碼有助**追蹤物品**的流動情況，遇上突發事故，如食物中毒事件等，可以在短時間內回收物品。物品要出口到外國，如果商品無條碼，就無法進入**流通**，只能被迫廉價銷售。此外，物品有商品條碼可以幫助消費者**辨別**偽冒商品。

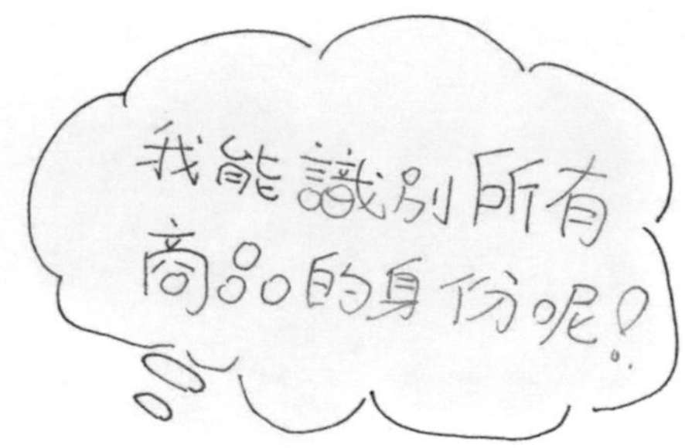

明星的昂貴衣飾都是自己買的嗎？

莉莉看到雜誌上的明星戴贊助的珠寶，非常漂亮。爸爸說：「這些都是贊助商提供的，是免費的。」莉莉想：「真是這樣嗎？為甚麼贊助商會給她們免費穿戴呢？」

我們經常在雜誌或電視上看到**明星**穿戴一些昂貴衣飾，這些都不一定是他們自己買的，而是由贊助商提供的。

在今天的商業社會裏，**商業贊助**被廣泛應用。商家在宣傳自己的產品時，多會贊助一些明星來做產品的代言人。明星與企業簽訂合同，為企業的產品**代言**，從中為企業帶來了**大量的客戶來源**。作為代言人，明星除了得到**可觀的報酬**，更被允許在一些代言商家指定的區域內，借出公司品牌的產品，例如**鑽飾**、名牌晚裝等，讓代言人星光熠熠地出席各隆重宣傳活動及場合，無形中為該公司的產品作出宣傳。此外，一些產品如飲品、健康食品等等，明星會獲得**免費消費產品**，有的更可**終生**享用一些固定產品。

明星為企業代言產品廣告的同時，不但能給企業帶來很多好處，同時令產品的知名度也**上升**，帶動了消費。如果把這個看作是一種「滾雪球運動」的話，那麼**雪球效應也就會越滾越大**，不斷循環上升，自然為企業帶來更多的利潤。當然明星的名聲越大，報酬越可觀，產品帶來的利潤也就越高。為甚麼越有名的牌子，價錢越貴呢？貴就貴在廣告費用及明星代言人身上了。

莉莉這才知道，原來明星穿戴的昂貴衣飾是間接用消費者的錢買的啊！

小智識：廣告的分類有哪些？

一般我們在電視、雜誌報章裏看到的都是商業及消費者廣告、企業廣告、貿易廣告、專業廣告等。另外有一些則比較**少見**，如農業廣告（針對農牧業人員）、非產品廣告（以提升某一機構的責任感或理念而非具體的產品為目的）、**直郵廣告**（通過郵政系統發出的廣告）、**非商業廣告**（由慈善機構或非營利機構、市政機構、宗教團體或政治組織出資或為這些團體製作的廣告）等。

現在大城市裏還流行一種叫做「**認知廣告**」的方式，旨在樹立某一產品的形象，使受眾熟悉產品的名稱和包裝。例如90年代的檸檬茶廣告，一句「邊度都有陽光！」便非常成功地建立了「**陽光檸檬茶**」的形象。

IV

世界經濟

國際市場和政府正在做的事

誰可以印「銀紙」？

未到月底，維維的零用錢就差不多用完了，他嘆氣說：「如果可以印銀紙就好了……」姐姐聽到後，馬上說：「**印銀紙是犯法的！**」但市面上流通的紙幣到底是誰印的呢？

維維的姐姐說得對，未經政府批准而**私自印製鈔票**是犯法的行為。任何國家或地區的流通貨幣，必須經過該國或地區政府授權批准，才能**發行和印製**，各國或地區政府通常會授權**中央銀行**或指定的銀行發行鈔票。

現時，香港共有三間由**香港特區政府**授權可以發行鈔票的銀行，分別為渣打銀行、中國銀行和香港上海匯豐銀行。

獲授權發行鈔票的銀行可以無限量地發行鈔票嗎？一般來說，銀行發行鈔票都有固定準則，例如會因應美元或**黃金儲備**的多少而發行相等於儲備價值的鈔票。所以，發鈔銀行一般是**不可以無限量地發行鈔票**的。

那麼，誰可以印製鈔票呢？在香港，目前只有**一間公司**可以合法地印製鈔票，它就是香港印鈔有限公司（簡稱「香港印鈔」），負責為香港三家發鈔銀行印製**所有紙幣**。1996年4月，香港政府從德拉魯集團購入位於大埔的印鈔廠，並改名為「香港印鈔有限公司」，繼續負責印製**香港鈔票**。香港印鈔每年印製紙幣**約3.2億張**。

為甚麼只有一間公司可以印製鈔票呢？只有一間公司可以合法地印製鈔票有一些好處，例如可以保證鈔票的**質量**，一些特殊的、專利的印製和**識別技術**還可以防止不法分子**偽造鈔票**，影響貨幣流通。再者，印製鈔票的**成本非常驚人**，不是一般公司可以承擔的。

維維馬上打消了印鈔票的念頭。

小智識：香港的膠紙幣

香港特區政府在2007年7月9日起推出**十元塑膠質鈔票**，又稱為「膠鈔票」，並由香港發鈔銀行分批發行，第一批發行的十元膠鈔票共5千萬張。這些十元鈔票是塑膠製造的，**可回收再造**，除了保留現有**紫色十元紙鈔**的一些防偽特徵外，還有4個可憑肉眼看見的、塑質鈔票特有的防偽特徵，包括：

1. 透明窗口上印有銀碼「10」；
2. 近似浮水印的**紫荊花**透光圖像與透明視窗結合成完整的圖案；
3. 背光可看到一個近似浮水印、銀碼「10」的透光圖像；
4. 斜看鈔票時，透明窗口上**絲帶**的顏色會由粉紅變為紫色。

為甚麼要繳交個人入息稅？

維維的爸爸最近收到稅單，要繳交個人入息稅。究竟甚麼是個人入息稅？為甚麼我們要繳交個人入息稅呢？

先跟大家講一個故事。從前，有一個**快樂國**，快樂國的人口很多，人人都想參與管理這個國家。為了避免社會混亂，人民就一起商量，決定請個**管家**來管理國家，這個管家叫「政府」。「政府」負責管理這個國家的各種事務，讓人民可以**安心地工作**和**生活**，無需擔心家會失火或遭盜賊光顧，也**無需擔心人身安全**。

「政府」需要錢來給人民**建設城市**，以及成立**軍隊**和警員，以保衛國家和人民的安全，還有要付工資給「政府」。於是，人民又一起商量，每人給「政府」支付**管理費**，讓「政府」改善大家的生活。這筆管理費後來改稱為「稅收」。

隨着國家的發展，人民的生活水平**不斷提高**，有些人因佔有更多的**社會資源**(如土地、礦產等等)，成了有錢人，但他們仍然如其他人交納一樣的稅款，這樣就**不公平**了。有些人民不滿，於是「政府」規定人民要按照**個人收入的比例來交稅**。結果，有錢人多交稅，窮人少交稅，這樣較公平。

個人入息稅是指個人因工作取得的酬勞，而要繳交一定比例的稅款。人們要繳交個人入息稅是因為交稅是**社會公民的責任**，人們交稅予政府，政府才有足夠的資源規劃城市的發展、建醫院和**學校**；訓練警察、消防員、**醫護人員**等，保障市民的生命財產。

原來每個負責任的公民都要交稅的！

小智識：牛羊放屁要交稅

紐西蘭政府在2006年簽署了《京都議定書》，承諾減少排放導致**溫室效應**的氣體——甲烷（Methane）和一氧化二氮（Nitrous oxide），以協助**防止地球暖化**。紐西蘭政府相信一些食草動物如牛、綿羊、山羊和鹿等，所排放出來的甲烷和一氧化二氮超過紐西蘭溫室效應氣體排放量的一半，並打算向**農民**徵收牛、綿羊、山羊和鹿的「放屁稅」。紐西蘭約有**4,600萬頭綿羊**和**960萬頭牛**，政府一年可從「**放屁稅**」徵得840萬紐元。

甚麼是國內生產總值(GDP)？

學明聽到爸爸對叔叔說：「中國的GDP增長很大，以後還會有強勁的增長呢。」到底甚麼是GDP呢？

GDP是Gross Domestic Product的縮寫，中文譯作「國內生產總值」，是**經濟學**上的專有名稱。國內生產總值也稱為國內生產毛額、本地生產總值，用來**量度**一個國家或地區內的經濟情況。

一般來說，國內生產總值是指在一段特定的時間內（一般為一年）一個國家或地區裏面**所有生產產品和貨物的總值**。大家要留意，國內生產總值強調一國或地區之內的生產總值，所以不包括**國與國之間**的收入轉移。這是GDP跟GNP（國民生產總值）最大的不同之處。換句話說，GDP只計算一個國家或地區內生產的產品的總價值，而GNP所計算的是一個地區**實際獲得**的收入。

那麼，GDP是怎樣計算出來的呢？計算GDP的公式是：

GDP = 消費 + 投資 + 政府支出 + 出口 − 進口

如果我們想知道兩個國家或地區的經濟實力，只需把兩個國家或地區的GDP**比較**即可。不過，由於GDP是以該國或地區的**流通貨幣**為計算單位，因此，要比較不同國家或地區之間的GDP時，就需要把各國貨幣**轉換**了。一般來説，貨幣轉換的方式有兩種，即使用各國貨幣的**國際匯率**轉換，或採用一種國際貨幣，如**美元**的購買力平價（PPP）。這兩種方式各有利弊，例如使用國際匯率會影響**發展中國家**的排名，因為發展中國家的貨幣在**國際**市場較弱，這樣會低估了他們的國內消費者與生產商的購買力。如果採用第二種方法，則**無法精確**計算該國或地區在國際市場上的產品與服務。

學明終於明白：原來GDP透露了一個國家或地區的經濟情況。

小智識：中國國內生產總值（GDP）是多少？

根據中國官方的統計資料，中國在2018年的國內生產總值（GDP）達到919,281億元，比2017年**增長6.6%⬆**。中國國內生產總值（GDP）的世界排名現居於第二位，僅次於美國。

港元與美元掛鈎是甚麼意思？

子聰和爸爸一起看電視新聞報導，有一個人說：「港元與美元掛鈎是不能隨便改變的……」子聰不明白這是甚麼意思。到底甚麼是港元與美元掛鈎呢？

港元與美元掛鈎當然不是用一個**鈎子**把兩種貨幣鈎起來。其實，這是香港政府的一種金融政策，已經實行了三十多年，**對穩定香港的經濟非常重要**。

為甚麼要把港元與美元掛鈎呢？港元在跟美元掛鈎之前，曾經與**英鎊**掛鈎。不過，由於英國在**第二次世界大戰**後經濟實力減弱，英鎊曾一度大幅貶值，嚴重影響了香港的經濟。香港政府於是在1972年6月改為將

港元與美元掛鈎。港元與美元掛鈎的匯率，由1972年7月6日起，初時為5.65港元兑1美元；1973年2月改為5.085港元兑1美元；1974年11月起，又改作**自由浮動**。

到了1983年，中國政府和英國政府商討香港前途問題。由於這件政治事件在國際上是**前所未有**的，為香港帶來很多**不明朗的因素**，導致港元匯價大幅下跌，到了同年9月更一度跌至9.6港元兑1美元，對當時的香港經濟產生很大的影響。香港政府為了**穩定**港元，1983年10月17日起，當時的財政司彭勵治宣佈港元匯價與美元掛鈎，並定為7.8港元兑1美元，一直**維持至今**。

為甚麼在眾多貨幣之中選擇跟美元掛鈎呢？

這是因為當時美國**經濟強勁**，美元匯價較穩定，同時美國跟香港前途問題這政治事件無關，對香港經濟影響較少，因而選擇將港元與美元掛鈎。

原來**重大政治事件**會影響一個國家或地區的貨幣匯價。

小智識：甚麼是聯繫匯率？

聯繫匯率是香港金融管理局（簡稱「金管局」）的貨幣政策，通過穩健的外匯基金管理、**貨幣操作**及其他適當的措施，維持匯率穩定。香港在1983年開始實施聯繫匯率制度，規定了貨幣基礎的流量和存量都必須得到**外匯儲備**的支持，即是說，**貨幣基礎的任何變動必須與外匯儲備的相應變動一致**。

為甚麼會有糧食危機？

晚飯的時候，小寧吃剩了半碗，媽媽說：「小寧，不要浪費大米，現在的米價又漲高了。」小寧說：「媽媽，怎麼會呢！新聞這幾天不都在說連續四年糧食豐收嗎？糧食應該降價，不應該上漲啊！」

糧食豐收並不能代表可以降價，因為是國際糧價的上漲導致了中國的糧價也上漲了。從**數量角度**來看，世界上擁有足夠的糧食來養活全球**77億人口**。然而，每8人中卻有1人在挨餓；每3名兒童中就有1人體重不足。

為甚麼會有人挨餓呢？我們來看看各種原因：

1.自然災害：在許多國家，**氣候變化正惡劣加劇**，洪水、熱帶風暴以及長期乾旱等自然災害不斷增加，這給貧窮的發展中國家的**糧食安全**造成了災難性影響。例如埃塞俄比亞或危地馬拉的貧苦農民對付雨水少的傳統方法，是**廉價出售牲畜**以彌補損失，並用來購買**食品**。然而，連年的乾旱正耗盡他們的**生活資源**，這種現象在非洲和**中美洲**愈來愈普遍。

2.戰爭：從亞洲到非洲再到拉丁美洲，戰爭使數百萬乃至上千萬人**逃離家園**，導致了世界上的戰亂國家陷入嚴重**饑荒**。在20世紀90年代，戰爭衝突使非洲中部陷入混亂，饑民的比例從53%**上升到58%**；2004年，蘇丹達爾富爾這個風調雨順、年年都有好收成的地區，因為不斷升級的衝突將**一百多萬人**趕出家園，突然陷入了一場嚴重的**糧食危機**之中。

3.環境的過度開發：佔用農地建設、**砍伐森林**、過度耕作和**過度放牧**正耗盡地球的資源，並擴散了饑荒問題。而地球上肥沃的農田也正遭受**污染**、侵蝕、鹽鹼化和**荒漠化**的威脅。

4.農業基礎設施落後：由於人類增長過快並**大增糧食的供求**，儘管大多數發展中國家都以**農業**為生，但是，其政府經濟規劃通常把重點放在城市發展上，而忽視了農業技術上的發展。例如水利渠道、**機械化農業**、農業道路、倉庫等的缺乏亦加劇了糧食短缺的問題。

導致世界缺糧的原因又是甚麼呢？前任聯合國秘書長瓦爾德海姆（K. Waldheim）曾說：富裕國家的糧食消耗導致了第三世界國家的饑餓。聯合國曾強烈主張富裕國家**削減肉食的消耗**。大量餵養牲畜增加了城市肉食，卻導致糧食減產。還有一些國家因素，如美國推行的**玉米**製生物乙醇政策，更是導致該國大半的玉米被用作生產**汽油**，直接令玉米價格上漲。此外，石油價格的上漲也會導致糧食**海運**費用增加。

小寧說：「啊！原來這麼多因素會影響全球出現糧食危機啊！今後我也要減少吃肉才行了！」

小智識：怎樣解決糧食危機？

全球大量的農用土地都用於種植**餵養牲畜的作物**。全世界糧食產量的45%被用於餵養牲畜，而全世界**牧場**的面積則為耕地的2.5倍。如果我們將食肉量減少一半，那麼，我們將有足夠的糧食可以讓所有第三世界的人民吃飽。哈佛大學的一位營養學家吉恩．梅耶（J. Mayer）估計，只要美國將肉類食品削減10%，就能節省足夠的**穀物**供6千萬人食用。另據研究，如果北美每個人每星期吃**一頓素食**，那麼節省的糧食每年可以養活1,600萬人。所以我們的生活中，每個人要是減少吃肉食，那麼理論上全球就不會有糧食危機出現了。

甚麼是進出口貿易？

新聞報導說：「2020年第1季美國對中國出口降至230億美元，進口也減少約3成，進出口貿易量都因為肺炎疫情縮小了……」不明白的小惠在想：甚麼是進出口貿易呢？

國際貿易（International Trade），也稱為世界貿易、進出口貿易。國際貿易是指**不同國家和地區之間**的商品和勞務的交換活動，是商品和勞務的**國際轉移**。國際貿易由進口貿易（Import Trade）和出口貿易（Export Trade）兩部分組成，故有時也稱為**進出口貿易**。從國家的角度看，國際貿易就是國與國之間的貿易。

貿易給我們帶來了甚麼？隨着經濟的快速發展以及**運輸的便捷**，在開放的經濟環境中，商品已**無國界**，即使我們生活在香港，也能品嘗到**澳洲的牛肉**、美國的水果，以及國外的各種商品。貿易除了給我們帶來這些，還能帶來甚麼呢？

我們穿的**衣服**有很多都是進口的，媽媽用的**化妝品**很多是來自巴黎的，爸爸的**高級轎車**是從美國運來的。貿易可以使一座城市進入**繁榮**，有助於產業分工及**專業化**，並能提高政府與國民的收入。

那麼你想要的東西都能從國外大量進口嗎？各國在進口物品的時候是有**進口限額**的，如中國出產**稻米**，在開放稻米進口時，就會訂制關稅及限額的**法律規定**，確保一定數量的稻米配額進口，一旦稻米的進口額增加，就提高進口稻米的**關稅**，中國這麼做是為了降低進口稻米對國內稻米市場的衝擊。同樣，中國出產小麥，其他國家也會從中國進口**小麥**，進口的數量也是有限額的，數量多會擾亂進口國家的市場及會帶來**經濟混亂**。這就需要進口限額的規定了。

小惠説：「原來進出口貿易對於國家經濟發展這麼重要。」

小智識：為甚麼有進出口配額限制？

進出口的配額限制是國家政府**保障國內產業**的手段。過多的進口商品會**擾亂國內市場供需**，於是政府便藉配額限制作為保護，預防國內產業繼續受到傷害。採取進口限額與關稅的目的，是讓國民**多消費本地的東西**，擺脫對進口品的依賴，這點對發展中國家很重要。**韓國**就是採取這種政策而成功的例子。

政府會因破產而倒閉嗎？

小峻看到一則網上新聞：不久前，美國羅德島州政府宣布破產。多麼新鮮的事情啊，**政府和公司一樣，居然會宣布破產？**

甚麼情況下會破產呢？當企業或個人無還債能力或**負債過高**時，我們稱之為破產。而若政府負債過多，經濟跌到**低谷**時，又該怎麼做呢？政府也會申報破產嗎？美國的州政府和許多大公司一樣，破產時會**先尋求保護**，而不是馬上倒閉。

為甚麼美國政府的責任和權力是有限的？從過往歷史來看，中國古代的皇朝政府都是私有獨資政府，而美國的**聯邦制度**則是主權的股份形態。在主權股份制下，各級政府都是**獨立運作的子政府**，權力和責任都有限，如下級政府破產，上級政府不用為它**還債**。如果把國家主權看做是一種政治所有權的話，它也有私有、公有和股份所有三種形式。聯邦政府既有公民轉讓的部分主權，也有州政府轉讓的部分主權；州政府的主權，實際也是公民轉讓的。公民分兩次轉讓主權，一次給全國政府，一次給州政府，而州政府的股份則主要來自公民的直接轉讓。公民轉讓有限權力，州政府也轉讓有限權力。

中國政府會出現倒閉的危機嗎？今天中國的政府是公有制政府。上一級政府會對下一級政府承擔無限責任，如中國的省政府將會對市政府、縣政府等承擔無限責任，而香港是屬於特區政府，直接由國家政府承擔無限責任。所以說中國政府應該是不會出現破產倒閉的情況。

小峻知道了，原來有些政府也是會破產的！

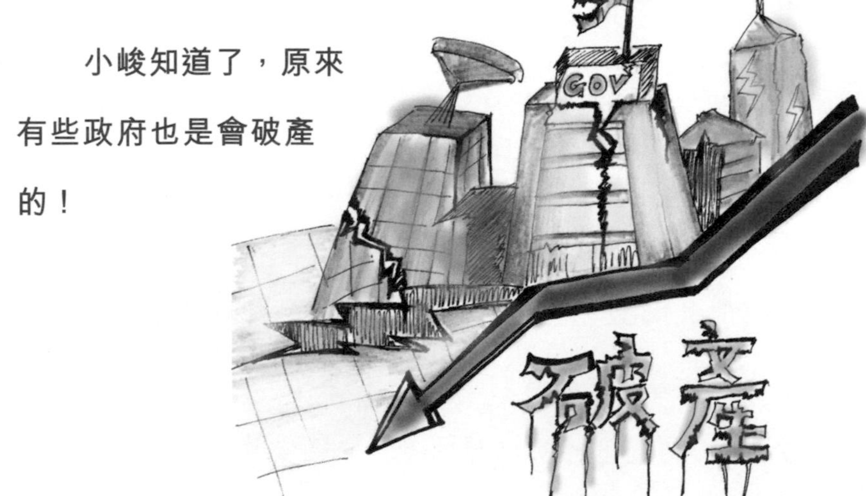

小智識：宣布了破產就不用還債嗎？

在日本，如果地方政府宣布破產無力償還債務，會由**中央政府**負責，可最終是銀行借貸償還。銀行原先以為這是沒有風險的生意，但最終日本銀行因此一家接一家地倒閉，這是政府缺乏嚴格**債務管理制度**的緣故。

美國的地方政府若出現破產，一般由地方政府自行去解決償還問題，如**解僱**一批政府公務員以節省支出，壓縮固定資產投資和**削減公共服務項目**，並延長**還債期限**。

國際有一個是屬於世界銀行組織的**國際貨幣基金組織**，如果會員國陷入財政困難且沒有其他經濟協助的時候，這組織就會給予**借款**，但是借款國要履行很多嚴格的條件，以幫助借款國**恢復經濟**，如印尼與泰國在90年代爆發了**金融危機**，這組織就曾為這兩個國家解困。

V

金融投資

這樣錢才會愈來愈多

大公司為甚麼要上市？

周末，小童的爸爸沒有回家吃飯，小童好奇地向媽媽問起爸爸的去向。媽媽說：「爸爸的公司慶祝上市，所有的公司職員都去**慶祝**。」小童不解地問：「上市是甚麼意思？公司為甚麼要上市？」

公司選擇**上市**的原因是甚麼呢？當公司發展到一定程度，需要投入**大量的資金**時，在籌備資金時候卻出現了困難。例如：向銀行貸款而不成功，或者同行公司為了**獨霸市場**而拒絕借款給你拓展等。於是你可能會想到用上市來吸納資金的方法，讓公司**股份**在市場上交易。股份被賣掉的錢就可以用來繼續發展。股份代表了公司的一部分，比如說：一家公司有100萬股，董事長控股51萬股，剩下的**49萬股**放到市場上賣掉，相當於把49%的公司賣給**大眾**了。

上市後還會有甚麼好處呢？較重要的是利用上市來**提高自己公司的知名度**。媒體給予一家上市公司的關注遠遠高於私人企業，獲得**名牌效應**，在股市中積聚無形資產，就更易獲得信貸和提高**管理層**個人名聲，幫公司**吸引人才**等。

從產業競爭角度來講，一方面上市可以支持企業**更高速地成長**，以取得在同行業領先的時機，以便引進國內外的一些合作夥伴共同來**開拓市場空間**，打開國際渠道等。若自己公司存在不規範的運作和管理，可以借用合作夥伴的管理手段來**完善公司的治理結構**，為吸納更好的人才打下良好的**基礎**。

小童體會到原來公司上市真不是一件簡單的事啊！

小智識：公司上市後會有壞處嗎？

公司上市有好處同時也有許多**弊端**。首先在上市的時候，如果股份價格訂得過低，對公司來說就是一種損失。但實際上這是慣例，幾乎所有的公司在上市的時候都會把股票的價格訂得**低一點**。第二，上市以後企業不再是私人公司，而是負有向公眾和競爭對手進行**充分信息披露**的義務，包括主營業務、市場策略等方面的信息。第三，上市前後，企業都需要支付較高的費用。上市公司比私人企業需要履行更多義務、承擔更多責任，管理層也將受到**更大的壓力**。

錢會升值嗎？

媽媽和姨媽飲茶，姨媽高興地說：「我買的外幣升值了，賺了一點錢，今天我請客！」美雪心裏有個問題，錢會升值麼？

錢，正確來説是貨幣。事實上，錢（或貨幣）是可以升值的，而**某一國家或地區**的貨幣是升值還是貶值，就要視乎該國家或地區的經濟狀況了。不同的經濟狀況，會對該國或地區的**匯率**產生不同的影響，而匯率變化最能反映一個國家或地區的貨幣是否升值或貶值。

由於匯率**每天都在變化**，有時會上升，有時會下跌。以**港元**兑人民幣為例，1月21日的匯率是87.54，而1月22日的匯率是87.52。假如我們在1月21日以100港元可以換到87.54人民幣，在1月22日則可以換到87.52人民幣。由此可見，1月22日換到的人民幣比1月21日少0.02元，表示**人民幣貶值**了。大家還要留意，當一種貨幣升值的同時，表示另一種貨幣貶值了。從上面的例子，我們知道港元相對於人民幣來說是**升值**了。

某種貨幣的升值或貶值通常會對某國或地區的**進出口品**價格產生影響。我們以港元和人民幣為例，當匯率上升，人民幣升值，而港元貶值，表示香港出口內地的貨品的人民幣**價格下跌**（即便宜了），而內地**入口**香港的貨品的港元價格上升（即貴了）。如果匯率下跌，情況則相反；香港出口內地的貨品的人民幣價格上升（即**貴了**），而內地入口香港的貨品的**港元價格**下跌（即便宜了）。

美雪即想起她放在銀行的利是錢都是港元，現在都升值了！

小智識：人民幣升值的影響

人民幣升值對中國本身的影響是進口貨品價格下降，外國進口的商品便宜了，令消費者能以更低的價錢購買高質素的外國貨。此外，人民幣升值可以降低**入口原材料**的成本，壓抑通脹，維持出口的增長動力。

對香港來說，**人民幣**升值有助增加內地居民來香港旅遊和購物，令香港的**旅遊**、酒店和零售業受益。雖然如此，人民幣升值對香港也有壞影響，例如進口自內地的**日用消費品**的價格會上升、香港對外貿易的條件會惡化，最終導致香港**物價上升**，從而降低本地的需求。

保險公司為何要賠償我們的損失？

偉華的家遭遇火災，家裏的東西差不多都被火燒掉了。可是，他的父母卻一點也不擔心，因為有人會賠償給他們。為甚麼呢？誰會給他們賠償呢？

這是因為偉華的父母購買了***家居意外保險***而獲得保險公司的賠償。究竟甚麼是保險呢？

中國人常說：「天有不測***風雲***，人有旦夕禍福。」事實上，人類生活中有一些可能會或不會發生的事情，如自然災害、**意外事故**等，因此，人要未雨綢繆，為將來不可預計的意外**作好準備**，這樣當事情突然來到的時候，就可以將影響或損失（即風險）**減到最低**。保險的作用也是如此，保險是一種把**風險轉移**、補償損失的方法。購買保險的人通過繳納一定的費用，把潛在的損失和風險轉嫁給提供**保險的公司或團體**。

保險的種類**很多**，包括人壽保險、**醫療保險**、財產保險、責任保險、信用保險等。人身保險主要為**人的身體和生命**投保，如人壽保險和醫療保險；財產保險主要保障投保人的**財產**，如偉華的父母購買的家居保險；責任保險主要為投保人所要承擔的**經濟**賠償責任保險，如**駕駛者**要購買第三者責任保險；信用保險主要為投保人因**信用問題**而導致的經濟損失作保險。

那麼，誰需要買保險呢？是否需要購買保險視乎**個人的經濟和家庭狀況**，以及存在的風險。譬如在一個家庭裏，丈夫或兒子是家中經濟支柱，只要他**身體健康**，能工作，就能用**薪水**來支付家庭各項開支。但是，假如他突然身故，誰來承擔家庭開支呢？如果丈夫或兒子生前購買了人壽保險，即使他突然身故，保險公司會給他的家人**賠償合約約定的損失**，以**減輕**家庭變故對家庭經濟的影響。

偉華現在明白原來是保險公司會給他們賠償經濟損失。

小智識：甚麼東西都可以投保嗎？

基本上，具有「可保風險」的東西才可以承保。可保風險包括以下各項：

1. 風險發生後只會帶來**損失**而不會獲利；
2. 風險發生具有**不確定性**，例如是否會發生、發生的時間、原因和結果等；
3. 當風險發生時，性質相近的東西都會面臨**同樣的風險損失**；
4. 發生的**機會很少**，但是一旦發生後，投保人將無法承擔其財務損失；
5. 風險發生時，不會造成所有或**大部分**已投保該種保險的人同時出現損失；
6. 能計算風險出現的**概率**，以及風險出現後損失的概率，以計算保費。

譬如**恐怖襲擊**的發生機會率很少，但一旦發生後，會導致一般人所無法承擔的財務損失，因此，一些保險公司通常會**視乎情況**而決定是否作出賠償。

股票是甚麼？

晚飯的時候，小飛聽爸爸說今天的股票又升了許多。好奇的小飛就問：「爸爸，**甚麼是股票**？我也能買嗎？」

股票是要夠**18歲**才能買的！股票（Stock,Share）其實是股份公司發給股東證明其所買入股份的一種有價**證券**，它可以作為買賣對象和抵押品，是資金市場主要的**長期信用**✓工具之一。股票代表着其持有者（即股東）對股份公司的所有權。這種所有權是一種綜合權利，不僅有權按**公司章程**從公司領取股息和分享公司的**經營紅利**，還有權出席股東大會，選舉**董事會**，參與企業經營管理的決策。同時股東也要承擔相應的責任和風險，如參加股東大會、**投票表決**、參與公司的重大決策、承擔相應的經營損失等。

股票一般可以通過**買賣方式**有償轉讓，股東能通過股票轉讓收回其投資，但不能要求公司退回資本。股東與公司之間的關係不是債權債務關係，股東是**公司的所有者**，以其出資額為限，對公司負有限責任，承擔風險，分享收益。企業可以通過向**社會**公開發行股票籌集資金用於生產經營。

股票的買賣是有風險的，股票在交易市場作為交易對象，和商品一樣，**有自己的市場和價格**。由於股票的價格要受到公司經營、**供求關係**等多方面的影響，股票的價格也會隨之受到影響，價格的波動越大，風險就越大。

小飛說：「原來股票這麼**複雜**啊！還是不買了！」

小智識：小朋友可以買股票嗎？

香港法例規定，**未滿18歲的未成年人**所簽署的有關合約是不成立的，而買賣股票是一種商業合約，因此，**小朋友**是不能親自買賣股票的。不過，小朋友可以跟至親的、可信任的人（如父母）商量，請他們以他們的名義代你買賣股票，直至自己18歲，就可以將股票**轉回自己名下的戶口**。跟父母商量時，要考慮一些風險，例如股票蝕了錢，也不能怪他們；父母要經你**同意**✓才替你買賣股票，這樣可避免「講錢傷感情」。

為何會出現股災？

小晴放學回家，看見爸爸在家中**看書**，好奇的小晴很少見爸爸看書那麼認真，就問：「爸爸，你看甚麼書呢？那麼認真！」爸爸回答說：「是股災的社會經濟分析書。」小晴回應道：「哦！甚麼是**股災**啊？」

為何會出現股災呢？「股災」是「股市災害」或「股市災難」的簡稱。這是當股市出現問題而引發**突然的股價暴跌**，從而引起社會經濟巨大動盪，並造成**巨大損失**的異常經濟現象。股災不同於一般的股市**波動**，也有別於一般的股市風險。

香港於1973年經歷了首次股災。1969年由李福兆牽頭的一群華資經紀**暗中籌備**一間華人的股票交易市場：遠東交易所，並於12月17日開業，由此開始了**普羅市民**參與證券及股票買賣，當時**恆生指數**於12月29日創下當年新高，其後股市節節上升，1971年9

月20日再創下新高位，不足兩年上升**1.5倍**。1973年發生了香港股票**普及化**後第一次股災，恒生指數於一年內大跌超過**九成**，數以萬計的市民因此而**破產**。

那麼股災有何特點呢？其實股災發生前是**有跡可循**的。例如每次股災幾乎都有一個突發性的暴跌階段，而它的影響力不是少了一個百萬富翁、一家證券公司和一家銀行那麼簡單，**而是影響一個國家乃至全世界的經濟**，使**股市癱瘓**，經濟大倒退。一次股災給人類造成的經濟損失，遠超過火災、洪災或**強烈地震**的經濟損失，甚至不亞於一次世界大戰的經濟損失。

股災時期加上世界各國經濟的聯動，會導致金融、經濟危機加劇。股災表象是股票市值劇減，使**注入**股市的很大一部分資金**化為烏有**。隨之而來的是經濟衰退、工商企業**倒閉破產**，也間接波及銀行，使銀行**壞帳增加**。在股市國際化的國家和地區，股災更會導致投資機會減少，促使**資金外流**，引發貨幣貶值，也衝擊金融市場。例如1929年美國發生股災時，首先受衝擊的就是金融市場。美國倒閉破產的銀行，從1929年的659

家增至1931年的**2,294家**，從而使得整個金融市場陷入**極度混亂**狀態。

小晴說：「原來股災這麼可怕啊！」

小智識：香港經歷過的股災

1965年廣東信託銀行**擠提**事件引發股災

1967年香港暴動引發股災

1973年置地**飲牛奶事件**引發股災

1981年**中英會談**陷入僵局引發股災

1987年黑色十月全球股災

1989年六四事件引發股災

1997年**亞洲金融風暴**引發地產、紅籌股股災

2001年恐怖襲擊

2003年**沙士事件**

2008年金融海嘯

2011年美國債務及歐洲主權債務危機

2020年因新冠肺炎疫情導致股市大幅下跌

以上是香港從上世紀60年代至今發生過的股災。

《小理財大經濟——小學生的趣致財務智慧》

編著：李雪熒、謝燕舞
版面設計：李美儀
責任編輯：高家華
插圖：謝燕舞

出版：跨版生活圖書出版
地址：荃灣沙咀道11-19號達貿中心211室
電話：31535574　　傳真：31627223
專頁：http://www.facebook.com/crossborderbook
網頁：http://www.crossborderbook.net
電郵：crossborderbook@yahoo.com.hk

發行：泛華發行代理有限公司
地址：香港新界將軍澳工業邨駿昌街7號星島新聞集團大廈
電話：2798 2220　　傳真：2796 5471
網頁：http://www.gccd.com.hk
電郵：gccd@singtaonewscorp.com

台灣總經銷：永盈出版行銷有限公司
地址：231新北市新店區中正路499號4樓
電話：(02)2218 0701　　傳真：(02)2218 0704

印刷：鴻基印刷有限公司

出版日期：2020年6月第1次印刷
定價：港幣六十八元 新台幣二百九十元
ISBN：978-988-78897-5-5

出版社法律顧問：勞潔儀律師行